दोनों गलत हो गए

वेद प्रकाश मिश्रा

पूज्य माँ व पिता जी को समर्पित...

क्रम-सूची

क्रम-सूची

क्रम-सूची

क्रम-सूची

प्रस्तावना

"मेरे देखने सुनने में" के बाद यह मेरी दूसरी काव्य संग्रह है जिसमें मेरे द्वारा रचित कविताओं को पाठक के सामने प्रस्तुत करते हुए बहुत हर्ष हो रहा है। सामान्य तौर पर जीवन में घटने वाले वांछित या अवांछित घटनाओं या दृश्यों का हिस्सा होकर महसूस किए गए भावों को शब्दों के माध्यम कविता के रूप में संकलित किया गया है।

भूमिका

मेरी अधिकांश रचनाएं मेरे आस पास की घटनाएं हैं या उन घटनाओं की अनुभूति हैं। मेरे ढंग से देखने से जैसा दिखता है मैंने वैसा ही लिखा। घटनाओं की संख्या या स्वरूप के अलग होने के बावजूद उसमें निहित भाव के माध्यम से किसी बिन्दु पर हम और आप अवश्य मिलेंग, इस आशा के साथ मैं आपके समक्ष ये रचनाएं प्रस्तुत कर रहा हूँ।

1. कहना ही क्या?

बात करने से ही
बात बनती है
और बिगड़ती है
बात बिगड़ जाए तो
अच्छी बात भी ख़राब
बात बन जाए तो
ख़राब बात भी अच्छी
बात बिगड़ जाए तो
चुप रहना बेहतर
बात बन जाए तो
कहना ही क्या?

2. दम घुट गया

बात को बार बार दोहराए जाने की
तो बस एक ही वजह हो सकती थी
कि बात बहुत अधिक महत्वपूर्ण थी
लोगों को बात सुनाई देती है प्रायः
महत्ता और कारण कहां सुनाई देता है
अगर कुछ दोहराया जाना चाहिए तो
वो है दोहराई गई बात के पीछे की वजह
पर जिसके लिए बात ही ज़रूरी नहीं थी
उसको वजह से क्या ही लेना देना होता
बात का दोहराया जाना स्वाभाविक हो गया
बात का सुना जाना भी स्वाभाविक होता गया
बात की वजह और महत्व का दम घुट गया।

3. नाम मिट जायेगा

रोज़ रोज़ मांजने से नाम मिट जायेगा।
इसीलिए चाकू से प्रायः उसे उकेरा करता था।
थाली पर छपा नाम दादी का नाम था
जो बाबा अपने साथ ले न जा सके थे।
दादी के हाथ पर गोदना ज़िन्दा रहा
बाबा के जाने के सालों बाद तक।
दादी के हाथ पर लिखा बाबा का नाम
उनके होने का अहसास था मेरे लिए
दादी गई तो गोदने के साथ वो अहसास भी ले गई।

4. रास्ता बताएगा कौन?

घर चौड़े रस्ते से थोड़ा अन्दर,
गली के सबसे अन्त में है।
घर के बरामदे से प्रायः देखता रहता हूं,
गली के दूसरे मोहाने पर।
हज़ारों लोग गली के सामने वाले रस्ते से
बिना मेरी ओर देखे आते-जाते दिखते हैं।
कभी कभी कुछ लोग मेरी ओर मुड़ जाते हैं
और फिर गली के दूसरे घरों में घुस जाते हैं
कभी सोचता हूं के कोई रास्ता भटक जायेगा
हो सकता है कभी मैं ही रास्ता भटक कर
मेरे घर तक पहुंच जाऊं और पूछूं
पर मुझे बरामदे से रास्ता बताएगा कौन?

5. दीवार पे टंगी फ़ोटो

परिवार में कुछ छः या सात लोग थे
अपनी आवश्यकता में सब भूल गए
के असल में सब से आवश्यक क्या है।
सबकी पर्याप्त ज़रूरतों में किसी को
परिवार की ज़रूरत महसूस नहीं हुई।
जो सबकी ज़रूरत पूरी कर रहा था
उसको सिर्फ़ परिवार की ज़रूरत थी,
पर उसकी परिवार को ज़रूरत नहीं थी।
अन्ततः एक दिन वो इंसान नहीं रहा।
अब परिवार में बचे कुल पांच या छः लोग
एक साथ रहते हैं मिलजुलकर।
अब वो ज़रूरतें पूरी नहीं हो रही थीं
तो परिवार ज़रूरी लगने लगा सबको।
गर दीवार पे टंगी फ़ोटो ही एक करेगी
तो शायद बहुत पहले ही ये हो जाना था।

6. हर दिन एक परीक्षा है

हर दिन का लिखना
और सही सही लिखना एक परीक्षा है
हर दिन का पढ़ना
और सही सही पढ़ना एक परीक्षा है
हर दिन का सीखना
और सही सही सीखना एक परीक्षा है
हर दिन का अनुभव
और सकारात्मक अनुभव एक परीक्षा है
हर दिन की जिज्ञासा
और उसके लिए उत्साह एक परीक्षा है
हर दिन की सफलता
और उसके लिए निरंतरता एक परीक्षा है
उनके लिए परीक्षा बड़ी बात
हो ही नहीं सकती, जिनके लिए
हर दिन एक परीक्षा है।

7. मेरे बेहतर होने की

सबके हिस्से का अच्छा होना,
सबके हिसाब में अच्छा होना,
सबके हिस्से का ईमानदार और
सबके हिसाब में ईमानदार होना
एक साथ हो ही नहीं सकता था
इस लिए मैं किसी के हिस्से तो
किसी के हिसाब में अच्छा हुआ।
मेरे हिस्से में और हिसाब दोनों में
मैं सब कुछ अच्छा लिख दूंगा।
इस तरह सबके हिस्से और
हिसाब में मेरे बेहतर होने की
ये साज़िश काम कर जाएगी।

8. कुछ नया सा हुआ है

नया और पुराना मिलकर
कुछ नया सा हुआ है
कुछ लोग सोच रहे ये जो है
इसको नया कहें या नहीं
कुछ लोग अलग कह रहे हैं
पर नया नहीं कह रहे हैं
इसमें से कुछ पुराने लोग
अपने ज़माने का नया ढूंढ रहे हैं
कुछ लोगों को इसमें कुछ पुराना
बिना ढूंढे मिल रहा है
कुछ लोग जो अलग हैं,
नए पुराने की चौकठ से बाहर
उनके लिए नया पुराना मिलकर
कुछ नया सा हुआ है
बल्कि नया ही हुआ है।

९. कोई और मंज़िल

अगर आपको यक़ीन है कि रास्ते जाते हैं,
तो रास्ते सिर्फ़ मंज़िल तक नहीं जाते।
वो मंज़िल को पार कर
कुछ और आगे तक चले जाते हैं।
मंज़िल के बाद भी रास्ता होता है कुछ दूर तक।
कुछ एक को उनकी मंज़िल मिलती है
और कुछ लोग रास्ते में ख़ुद से मिलते हैं
जो मंज़िल मिलने तक ख़ुद से नहीं मिल पाते,
उन्हें मंज़िल के बाद कुछ और दूर चलना होता है,
ख़ुद से मिलने तक हमें चलते जाना चाहिए।
ख़ुद से मिलने का रास्ता तुरन्त वहीं पर
मिलने के बाद ख़त्म हो जाता है।
इसके बाद कोई रास्ता नहीं होता
ना ही कोई और मंज़िल।

10. आधा छूट गया

वो घर से निकला
दूध की दुकान
फिर मिठाई की दुकान
फिर न जाने कितनी और दुकानें
हर दुकान पर
थोड़ी देर खड़े होकर सोचता
फिर दुकानदार से कुछ पूछता
और फिर थोड़ी देर सोचता
न जाने क्या संशय था।
आखिरकार उसने
एक दुकान से पेठा ले लिया
पेठा उसने पूरा पैकेट नहीं लिया
जबकि दुकानदार आधा नहीं बेचना चाहता था
ख़ैर आधा पेठा लेने में
उसके पूरे पैसे खर्च हो गए।
वो घर की ओर चला गया
पता नहीं वो घर पूरा पहुंचा
या आधे बचे पेठे के पैकेट में
आधा छूट गया।

11. दूसरे गांव

चाय पीने निकल गये दूसरे गांव
दूसरे गांव में भी अपने गांव जैसी चाय थी
दूसरे गांव में अपना गांव नहीं था
दूसरे गांव के लोग अपने गांव जैसे हैं
कोई नया इंसान आए तो ध्यान से देखते हैं
मैं नए गांव में नया था मेरे गांव में पुराना हूं
नए गांव से लौटकर अपना गांव नया लगता है
मैं अक्सर नए गांव चला जाऊंगा चाय पीने।

12. भीगने से रह गया था

अचानक बारिश होने लग गई।
मां बेटे जल्दी-जल्दी घर जाने लगे।
कभी किसी पेड़ के नीचे तो कभी
किसी झोपड़ी की ओट में,
कभी इधर तो कभी उधर,
जल्दी-जल्दी एक दूसरे को रस्ता बताने लगे।
मां बेटे को लगा कि ये राह पहले से
ज़रा लम्बी हो गई है।
बारिश से न बच पाने की वजह से
उन्हें लगा कि पहुंचने में देरी हुई।
मां की साड़ी का रंग जगह-जगह
कुछ रास्ते में, कुछ पेड़ की शाख़ पर,
कुछ दीवार पर छूटता चला गया है
बचे हुए रंग किताब में उतर गए
कुछ उसके और बेटे के शरीर पर उतरे
बेटे ने आंचल छोड़ा तो मां ने देखा
कि एक कोना अभी भी भींगने से रह गया था।

13. बहुत कम

दो लोग आए हैं अभी बिल्कुल नए
जैसे हम दोनों बिल्कुल नए आए थे
कितने साल से आने तक हम नए ही थे
पुराना होने में बहुत कम वक्त लगा
और फिर बहुत पुराना होने में कम से
थोड़ा ज्यादा वक्त लगा हम दोनों को
थोड़ा ज़्यादा बहुत ज़्यादा नहीं होता
नए और दो लोगों के आने तक ये दोनों नए रहेंगे
और नए लोगों को आने में थोड़ा वक्त लगेगा
बहुत थोड़ा से थोड़ा ज़्यादा वक्त
पुराना होने में नए के आने का योगदान ज़्यादा है
और पुराना होते रहने का योगदान बहुत कम।

14. पर्याप्त से ज़्यादा

बहुत सुन्दर है
कह कर उन्हें लगा
पर्याप्त नहीं है,
तो थोड़ी देर रुके।
रुकना पर्याप्त न लगा,
तो बैठ गए
और जब उन्हें लगा इसके बाद जो होगा
वो पर्याप्त से ज़्यादा होगा
तो उन्होंने एक और बार
सुन्दर को पर्याप्त सुन्दर है कह कर
विदा ले लिया।
सुन्दर होने की कोई हद नहीं है
शायद इसी लिए कोई भी सुन्दर
बेहद सुन्दर नहीं होता।

15. प्रारंभ से अन्त तक में

सृष्टि के प्रारंभ से अन्त तक में,
अपने जीवन के मात्र एक बार
घटने की बात पर यक़ीन हो जाए
तो समझ जाना के मोह और भय भंग हो गया है।
तब तुम शुक्रिया अदा करोगे किसी से
मुस्कुराने की एक भी वजह मिल जाए तो
फिर किसी ख़ास अपने को त्यागना
नाख़ून काटने जितना आसान होगा
तब फ़र्क़ नहीं पड़ेगा के कौन कितना बड़ा है
कौन कितना छोटा
कौन कितना अमीर है कौन कितना गरीब
कौन किस रंग, धर्म या बोली का है
सब से प्यार होगा पर माया किसी से नहीं
जीवन के अन्तिम सत्य के पहले के सारे झूठ
तुम्हारे सामने नग्न होकर नृत्य कर रहे होंगे।

16. कुछ याद नहीं

इतना मशग़ूल हूं के कुछ याद नहीं
ज़िन्दा हूं या मर गया कुछ याद नहीं।
ये कामयाबी और बुलंदी क्या करूं मैं
मुझे घर का पता-वता कुछ याद नहीं।
इतना क़रीब आकर मिला था वो मुझसे
अभी भी है कि चला गया कुछ याद नहीं।
अब तक सब याद था मुझे अपने बारे में
उसकी याद आ गई फिर कुछ याद नहीं ।
मैं ने देखा, सुना, महसूस किया सब कुछ
हर दिन भूलकर क्या भूला कुछ याद नहीं।

17. मुकम्मल डूब गया हूं

ख़त्म कर दो ये आठों पहर की
कोशिश और जद्दोजहद।
तुम खींच भी लो ज़ुबान मेरी,
मैं कहते-कहते अब ऊब गया हूं।
तुम इधर रुख न कर पाओगे,
मैं उधर न लौटकर आ पाऊंगा।
ये जाने कैसी कश्मकश है, कि
ज़िन्दा भी हूं, मुकम्मल डूब गया हूं।

18. आंगन व कमरे के बीच

आंगन व कमरे के बीच होने वाले
सभी संवाद, चुप-चाप सुनता है चौकठ।
शाम को शोरगुल धीरे-धीरे
कमरे की फुसफुसाहट में बदलने तक
फिर सन्नाटा भी सुनता है रात भर।
कभी शोर लांघ देती है आंगन की सीमा,
कभी कमरे की सीमा लांघती है फुसफुसाहट।
चौकठ स्थिर रहता है, दोनों तरफ़ बराबर।
और दोनों को अलग रखता है एक दूसरे से।
चौकठ को अपने होने पर न अफ़सोस था न सुख।
अब नए घरों में चौकठ की आवश्यकता नहीं होती
अब शोर और फुसफुसाहट में कोई अन्तर नहीं रहा।

19. दफ़न होने बाकी हैं

अन्तर्मन में जो भी आया
सलीम की तरह आया
और मन अनारकली होने से
इत्तिफ़ाक़ न रख पाया।
न जाने कितने सलीम
दफ़न होने बाकी हैं अभी,
कोई तो आया और कोई
डर के मारे नहीं भी आया।
अनारकली दीवार में
कभी तो चुनवा दी जायेगी,
ये ख़याल दिन में चार दफ़ा आया
पर वो ख़याली दिन अबतक नहीं आया।
इक आख़री सलीम आये मन से
इश्क़ करे और तोहफा-ए-मौत मिले,
ये जारी सिलसिला रोकने को
न पहली ईंट आयी न वो सलीम आया।

20. पानी में घर बनाया मैंने आग के लिए

ताउम्र ढूंढता रहा धुन राग के लिए,
पानी में घर बनाया मैंने आग के लिए।
सजा दिया कांटों से मैंने अपना घर-आंगन,
छोड़ आया हूं मैं फूल सभी बाग़ के लिए।
जिसके बहुत करीब था पहुंचा मैं दोस्तों
कुछ याद नहीं मुझको उस बैराग के लिए।
गर चाहता तो हर कहीं महफ़ूज़ था बदन,
पर थी तैयार रूह सभी दाग़ के लिए।
जिसमें न हम शरीक हो सके अभी तलक,
हमें याद किया जाएगा उस ताग के लिए।
जिसे ढूंढ कर न जाने कितनी पीढ़ियां थकीं,
मैं भी हूं परेशान उस सुराग़ के लिए।
अंधे के लिए रात क्या है और दिन है क्या,
क्यूं करूं व्यर्थ वक्त मैं चिराग़ के लिए।
क्यूं मर के भी तकता मैं तेरा रास्ता बता,
दे आया मेरी आंख भूखे काग के लिए।

21. मुझे इश्क़ में कभी

था ज़रूरी जो हिसाब बाक़ी रहा
सब कुछ जल गया क़िताब बाक़ी रहा।
मिला था जो मुझे इश्क़ में कभी
वो सूखा हुआ गुलाब बाक़ी रहा।
अबतक महफ़ूज़ थी जिस्म-ए-मोहब्बत
आज जल गयी, हिजाब बाक़ी रहा।
धूप ने जला दिये समंदर नदी सभी
मेरे गांव का वो तालाब बाक़ी रहा।
मर गए जाने कितने नहीं रहा बदन
मगर चेहरों का नक़ाब बाक़ी रहा।
राख पर खड़ा है ज़िद्दी जल जाने को
और भीतर रूह-ए-शादाब बाक़ी रहा।

22. समझ को आगे बढ़ाने वाले

व्यक्ति के सार्वभौमिक विकास में
हर एक पहलू का तथाकथित
विकास अवश्य होता चला जाता है।
मगर रह जाता है उस एक पहलू का
सार्वभौमिक विकास हो पाना
जो सर्वाधिक महत्वपूर्ण स्थान रखता है।
उद्देश्य इस विकास का रह जाता है स्थिर
अपनी उसी पूर्व स्थिति में जस का तस।
संस्कार और परम्परा की सीमाओं में रहने वाले
अनगिनत लोग हैं और आते ही रहेंगे।
यदा कदा वे भी आयेंगे जिनसे संस्कार
की मौलिकता सम्पन्न होगी व विकसित होगी।
समझ के आगे बढ़ने वाले तथाकथित समझदार
समझ को आगे बढ़ाने वाले तक नहीं पहुंच सकेंगे।
आगे चलने के लिए पदचिन्ह होंगे, लोग चलेंगे
पर उन्ही में से कोई बना रहा होगा नए पदचिन्ह।

23. मन के भीतर भी चींटियों को जाने देना होगा

गुस्सा इतना ज्यादा था के
व्यक्त नहीं किया जा सकता था।
अतः उसने फेंक दिया सारा गुस्सा
तरबूज के एक टुकड़े के साथ
थाली छोटी थी उतने गुस्से के लिए
गुस्सा थाली में नहीं समा सका
अतः थाली के बाहर चला गया
गुस्से का छींटा हर तरफ़ नज़र आ रहा था
गुस्से का एक बड़ा हिस्सा समेटा गया
गुस्से के बेढंगे बने छींटों को पोछना पड़ा
पोछे ने गुस्से के दिखने वाले सारे दाग मिटा दिए
मगर फिर भी गुस्सा रह ही गया जहां तहां
कुछ चींटियां घूम घूम कर ढूंढ रही हैं
मन के भीतर भी चींटियों को जाने देना होगा
कुछ हिस्सा रह गया है गुस्से का वहां भी।

24. यही मेरी प्रकृति है

मैंने सागर और नदी होने से बेहतर
पानी होना चुना, यही मेरी प्रकृति है।
मैंने चट्टान, पर्वत, खेत, खलिहान
होने से बेहतर मिट्टी होना चुन लिया।
मैंने नहीं चुना आंधी, तूफ़ान, झंझावात
मैंने चुना प्रकृति में हवा मात्र होना।
दीवार, खिड़की, दरवाजा होना नहीं चुना
मकान होने के बजाए मैंने चुना घर होना।
पेड़, फूल, पत्ते, जंगल होना नहीं चुना
सदैव सब में व्याप्त रंग व सुगन्ध होना चुना।
मैंने जीवन और मरण में से नहीं चुना कुछ भी
मुझे इन दोनों ने चुना है, यही मेरी प्रकृति है।

25. व्यक्त होना भावों का स्वभाव है

व्यक्त होना भावों का स्वभाव है
वो माध्यम चुनते हैं और व्यक्त होते हैं
कुछ भावों ने मेरी कविता को चुना है
कुछ कविताओं में मैंने भाव चुना
प्रायः जब भाव और कविता का
संगम हुआ तो मैं अनुपस्थित ही रहा
केवल मेरा होना इस संगम के न होने की
सबसे प्रारम्भिक एवं प्रथम
अनिवार्य स्थिति होती है।
भावों और कविताओं के संगम
की स्थिति सदा बनती रहेगी।

26. लोग ढूंढते रह जायेंगे

कोई सुन्दर सी कविता जो
सबसे अन्त में लिखी जाए,
तो शुरू अलविदा से होनी चाहिए।
पूरी कविता लिखने में कहीं गर
अलविदा लिखना रह गया या
लिखने का अवसर न मिल पाया
तो लोग ढूंढते रह जायेंगे
उस अन्तिम कविता में कवि को
कविता की अन्तिम पंक्ति की तरह।

27. सब अपनी जगह सही होते हैं

ये जो लोग कहते हैं के,
सब अपनी जगह सही होते हैं,
कोई गलत नहीं होता।
वो स्वयं को सही
साबित करने की कोशिश
करने में या हो जाने की
आशा मात्र में कहते हैं।
असल में उन्हें मालूम होता है
के उनके गलत होने की
या उनसे गलत हो जाने की
संभावना औरों से ज़्यादा है।

28. प्रलय लेकर निकला

ठहरी हुई नदी की जल धाराओं
ने प्रायः किनारों से बग़ावत नहीं की
धाराओं ने सागर तक का सफ़र तय किया
फिर नदी का चलना तय कर दिया गया,
जबकि अधिकांश नदियां आज भी स्थिर है।
नदी किनारे से टकराते ही
प्रलय को साथ लिए गांव-घरों में घुस जातीं हैं।
सागर किनारे से टकराता रहा
एक नदी हो जाने की ख्वाहिश में।
जब भी सागर नदी होने निकला शहर की ओर
साथ में भयानक प्रलय लेकर निकला।

29. वक्त था ज़िंदगी भर

मरने भर का वक्त था ज़िंदगी भर
फिर भी ज़िन्दा रहे हम ज़िंदगी भर।
ठिठुरते लोगों ने रात को गर्म रखा है
वरना रात ठिठुरती रहती ज़िंदगी भर।
उड़ जाती है नींद कभी देर तक सोता हूं
चल रहा है सिलसिला चलेगा ज़िंदगी भर।
एक मरहम जो घाव को ताज़ा रखती है
उन्होंने दिया है लगाने को ज़िंदगी भर।
कहने को तो बाकी सब कुछ है अभी
यही कह कर टाल देंगे सब, ज़िंदगी भर।

30. बातों के उन कट-घरों में

एक बेतरतीब सी संवाद ने
कितने कटघरे बना डाले थे
बातों के उन कट-घरों में जाने
कितने ही संवाद आने लगे थे
संवादों की बहस और दलील
संवादों का निष्कर्ष और न्याय
फिर अन्ततः संवाद ने कहा
संवादों के न्यायमूर्ति से कान में
जो हथेली आपके पैरों तले है
इन पर रखा था मेरे बुजुर्गों ने
कुछ अपने माथे से उतारकर।

31. सांझ और सवेरे की गांठ

सांझ और सवेरे की गांठ
खुल सी गई है क्षितिज में
दिन और रात के दो सिरों
ने मिलने से मना कर दिया
दिन और रात को देखना
एक ही दिशा में जाते हुए
और प्रतीक्षा करना उस
एक आख़िरी गांठ का जो बंधे
तो जीवन का एक सिरा मिले।
बहुत मजबूती से ठहरा हुआ है कोई
समंदर की लहरों पर तिनके की तरह।

32. पिंजरे के सारे दरवाजे

आदतन पिंजरा और पंछी
एक दूसरे के नहीं हो सके।
पिंजरे के सारे दरवाजे
आसमान की ओर खुलते हैं।
आसमान को लेकर ही पंछी
पिंजरे में रहना चाहता है।
इस तरह वह आसमान को
छोटा सा पिंजरा बना बैठा है।
उसके आसमान में पिंजरा नहीं
उसका आसमान एक पिंजरा है।
वह उड़ नहीं सकता उसके बाहर
आसमान का कोई भी दरवाजा
अभी तक खुल नहीं पाया है।

33. स्थिरता चलेगी

महिला हो तुम,
गर ठहर गई तो
समय ठहर जाएगा,
गति ठहर जाएगी।
तुम्हारे चलने से
सब कुछ चलेगा
समय चलने लगेगा
स्थिरता चलेगी।

34. छोटी सी गिरह है

एक छोटी सी गिरह है हमारे बीच
इस गिरह की सारी मजबूती बस
हमारी बुनी हुई प्यार और भरोसे
की नाज़ुक सी डोर पर टिकी है
गिरह कोई खोल नहीं सकता और
डोर कमज़ोर पड़ने नहीं देंगे कभी
इस डोर के चारों ही सिरे हमारे हैं
दो सिरा सौंप दें गिरह को और
एक-एक हम अपने पास रहने दें
बार-बार अपने सिरे को लेकर हम
लौटेंगे दूसरे सिरे या गिरह की ओर
डोर को छोटा रखना बहुत बेहतर है
गिरह के पास जीवित रहना बेहतर है।

35. धीरे-धीरे कम होते चले गए

ढेर सारा बनावटीपन,
लागलपेट, मधुरता व सजावट
झूठ के लिये ज़रूरी था और
झूठे लोगों के लिए भी।
दुनिया ऐसी फ़िज़ूल की
ढेर सारी चीज़ों से भर गयी।
ये दुनिया झूठ और झूठे लोगों
से लगातार भरती चली गयी।
साहसी, मासूम, नग्न, भद्दे,
बेबाक, तीखे व प्राकृतिक लोग
धीरे-धीरे कम होते चले गए।
सच का शून्य व शांत आसमान,
शोर मचाती सुंदर व झूठी धरती
के चारों ओर मौजूद होकर भी
भीतर प्रवेश नहीं कर सका।

36. अब हम साथ में बूढ़े हो रहे हैं

मेरे साथ-साथ एक पेड़ भी बूढ़ा होगा
मैंने उस पेड़ का बचपन
और जवानी तो नहीं देखी है पर
दादा जी ने देखा था वो ऐसा कहते थे।
मैं उस पेड़ के सामने खेला और जवान हुआ
अब हम साथ में बूढ़े हो रहे हैं।
अगर किसी कारण से हम दोनों साथ में ना मरे
तो पेड़ के मरने की प्रतीक्षा कर लेना
मुझे बिजली से बहुत डर लगता है।

37. क्षणिक रिक्तता भर है

धीरे-धीरे शांत होते जाना ही असल जीवन है।
अचानक से शांत होना बहुत अजीब होता है।
अधिकांश लोग धीरे-धीरे शांत नहीं हो पाते हैं,
और अचानक शांत होना क्षणिक रिक्तता भर है।
दूसरे अशांत लोग रिक्तता शीघ्र भरने लग जाते हैं।
शांत लोग कभी किसी रिक्तता को नहीं भरते,
सारे शांत लोगों की रिक्तता, रिक्त है सदा के लिये।
क्षण भर की शांति विशाल व भयानक शोर को
स्वयं में पूर्णतः समेट लेने के लिये पर्याप्त होती है।

38. छूना है आकाश धरा से

यह विकास की रेखा
जो असीम तक जानी है,
इसको वहाँ तक मिलजुलकर
हम सबको ही ले जानी है।
कल जो हमने बोया था
काट रहे हैं आज सभी,
आज नये बीजों से हमको
कल की फसल उगानी है।
छूना है आकाश धरा से
उड़ना है सबसे ऊपर,
नहीं हारना है हौसला,
भरपूर जोर आजमानी है।
आज़ादी के पचहत्तर साल में
अगणित कीर्तियाँ हैं शामिल,
अति शीघ्र भारत माँ को फिर
सोने की चिड़िया कहलानी है।

39. चीनी का एक दाना

संदेह रूपी चींटी
पहाड़ जैसे विश्वास की
चोटी पर पहुँच कर
नृत्य करना चाहती है।
सारे भाव वृक्ष की तरह तटस्थ,
सारे प्रयास चट्टान की तरह
स्थिर होकर देख रहे हैं।
आँसू की नमकीन नदी ने
सब बहा ले जाने की
पुरजोर कोशिश की है।
चींटी को रोकने के लिये
चीनी का एक दाना पर्याप्त है।
पर वो दाना कौन लायेगा?
मैंने सुना है, अपनी दादी से!
ख़ुशी के आँसू मीठे होते हैं।
चींटी को मीठी नदी में बहायें
तो बहुत तकलीफ़ नहीं होगी।
वरना चींटी चोटी की शीतलता को
पूरी तरह से नष्ट कर देगी
सारे पेड़, नदी, झरने सूख जाएंगे।

40. बहुत सारे

बहुत सारे सुख-दुःख ले आया
बहुत सारे अपने-पराये ले आया
बहुत सारे समस्या व समाधान
बहुत सारे सपने एवं अरमान
ये रास्ते और उसकी वजह
इसपर चलने की हिम्मत और
रुक जाने भर की हताशा
आशा और निराशा ले आया
ऐ वक्त! सुन जाते-जाते
दरवाजा बन्द करते हुए जाना।
बहुत शुक्रिया बिन मांगे सब
देने के लिये और वापस लेने के लिये।

41. मधुमक्खी और पत्थर

एक ही रास्ते पर मैं और बाबा
चलते थे हर रोज़ सुबह-शाम
बाबा को जो मिलता था वो
मुझे कभी नहीं मिला
जो मुझे मिला वो बाबा को नहीं
एक बार मैंने बाबा से पूछा बाबा
आपको उस पेड़ की डाल पर
मधुमक्खी का छता दिखता है
बाबा बोले नहीं
पर तुम्हारे हाथ में पत्थर दिखता है
दिखता है तुम्हारा हर रोज़
सिर्फ़ यह सोचकर रुक जाना
के बाबा तेज भाग नहीं सकते
एक दिन कोई छता उतार कर ले गया
कुछ दिन बाद बाबा भी गुज़र गये
मेरे पास बाबा की वो नज़र रह गयी
मैं अब देखता हूँ मधुमक्खी और पत्थर
के बीच हो सकने वाले संवाद को।

42. तुमको गलत लगेगा

ये समझने समझाने का नया अंदाज़ है मेरा तुमको गलत लगेगा।
यदि तुम्हारी ही कही बात तुमसे कह दूँ भरोसा करो गलत लगेगा।
मैं तुम्हारी नज़र में गिरूँ और गिरता चला जाऊँ कोई मलाल नहीं
कोई अपनी ही नज़र में गिरता जाये तो लाज़मी है गलत लगेगा।
तुम कहते हो के मैं जहाँ बैठा हूँ वो जगह सरासर गलत है
मैं उठकर तुम्हारी जगह भी आजाऊँ तो तुमको गलत लगेगा।

43. आराम करते मिले मुझे

छोटे लोगों से मेरा मिलना
प्रायः बहुत विशालकाय था।
परवत, नदियां, झरने,
धरती, आकाश, समन्दर
चींटीयों की गुफाओं में
आराम करते मिले मुझे।
मैंने जब कभी भी उन
गुफाओं के बाहर देखा
एक रेंगता हुआ ब्रम्हाण्ड
मैं वापस गुफा में चला गया।

44. वो अब अपनी है

वो अब अपनी है
और इस क़दर है के
उसने मुझे वो सब भी बता दिया है
जो उसकी माँ को भी पता नहीं।
मैंने उसकी बात को एक माँ की तरह
गले से लगाकर सुना और
यही कहा उसकी कानों में
के तुम मेरी जान हो,
मेरे दिल की धड़कन।

45. अकेला बैठ कर

अपनी ही गल्तियों के पुल पर वो इंसान
अकेला बैठ कर एकटक कुछ देख रहा था
कभी उसे लगता था नदी आगे बह रही है
और कभी लगता था ज़मीं पीछे चल रही है
कभी उसको अपने बैठे होने का ज्ञान होता
तो कभी-कभी चल पड़ने का भ्रम होता
एकटक लगातार वो जहाँ देख रहा था
असल में कुछ था ही नहीं देखने को वहाँ
अंततः वो उठा और चलने लगा उस पार
गल्तियों के पुल पर अपना ज्ञान और भ्रम
छोड़ कर आगे बढ़ना उसकी एक मात्र
सबसे अच्छी और जीवन दायी उपलब्धी थी।

46. वो पहली ही बूँद पर्याप्त थी

एक झूठ की तरह आसमां से
सच के लिये प्यासी धरती पर
बारिश की पहली बूँद गिरती है
और फिर बारिश होती ही रही
न धरती की प्यास बुझी और
न बादलों का काम ख़त्म हुआ
वो पहली ही बूँद पर्याप्त थी
धरती के असीम प्यास के लिये
वो एक बूँद सत्य की आने वाले
हर घनघोर बादल पर भारी थी
और हमेशा हमेशा भारी रहेगी।

47. मौत सब को तटस्थ कर ही देती है

बहुत सारी अच्छी स्मृतियाँ
एक इंसान खरीदना चाहता था
उसने जीवन भर की कमाई
झोंक दी इस एक सौदे में
अफ़सोस इस बात का था
के वो ये अच्छी स्मृतियाँ भी
साथ नहीं ले जा सकता था।
अब वो सारी अच्छी स्मृतियाँ
बेचने लगा और उनके बदले
उसको मिलीं सिर्फ कुछ और स्मृतियाँ।
अंत में प्राप्त इन बुरी स्मृतियों ने
उसको मुक्त कर दिया मोह से।
अंततः मौत सब को तटस्थ कर ही देती है।

48. पिंजरा खुलने तक

पिंजरे में बैठा परिंदा
पूरा अंधेरा चाहता था
वो नहीं चाहता था देखना
पिंजरे के बंद दरवाजे को
वो चाहता था देखना
पिंजरे के अंदर सारी दुनिया
वो आंख बंद कर के पिंजरे में
दोनों पर खोलकर उड़ता और
सारी दुनिया घूम आता था
उसने पिंजरा खुलने तक
अपनी आँखों को बंद ही रखा
बंद आँखें खुले आसमान को
हर रोज़ बंद पिंजरे में ले आती थीं।

49. कहना ठीक न लगा

रावण में अच्छाई और राम में बुराई
न तो मैं ढूँढ पाया न मैंने कोशिश की
मेरे लिए एक बिल्कुल अच्छा था और
दूसरा बिल्कुल ही गलत और बुरा।
मैं सन्देह की स्थिति में नहीं रहा कभी।
मुझे राम में सीखने को सब मिल गया
रावण से सीखने की मोहलत न मिली
मुझे असुर का संधि विच्छेद कर के
उसमें भी सुर है कहना ठीक न लगा।

50. प्रक्रिया जीवित रहेगी

समय बदलता है

और लोग बदलते हैं

कभी समय के साथ

लोग बदलते हैं तो

कभी लोगों के साथ

समय बदलता है

अंततः बदलते सब हैं

सभी को पता है कि

परिवर्तन संसार का

अपरिवर्तित नियम है

इस प्रक्रिया के दौरान

हमें प्रयास करना चाहिए

के प्रेम सदा जीवित रहे

क्यूँ के प्रेम जीवित रहा

तो प्रक्रिया जीवित रहेगी।

51. कितने झूठ बोले हैं

कोई कह ही रहा था कि
वो इंसान बहुत अच्छा है
तब तक किसी ने टोका
अरे नहीं भाई तुम नहीं जानते
उसने बहुत गलत किया है
कितने झूठ बोले हैं उसने
कितनों को दिन दहाड़े ठगा
न जाने कितने पाप किये हैं
और यही बात हर जगह
तीन लोगों के बीच एक दूसरे
के लिए निरंतर हो रही है
ये जो लोग बहुत अच्छे होते हैं
वो सबसे अच्छे क्यूँ नहीं होते।

52. एक विकल्प चुनना होता है

ढेर सारे अच्छे विकल्पों में से
एक विकल्प चुनना होता है
उपरोक्त सभी में से कोई एक
उपरोक्त सभी सही हों तो भी
कोई एक ही चुनना होता है
आपका चुना गया विकल्प
सिर्फ़ आपके लिए सही होगा
सही न हो तो कोई बात नहीं
कम से कम गलत तो ना ही हो
अगर गलती से भी गलत हुआ
तो वापसी का कोई रास्ता नहीं
सौ बार सही होना पर्याप्त नहीं
एक बार गलत होना पर्याप्त है।
उपरोक्त सभी में से कोई एक
उपरोक्त सभी सही हों तो भी
कोई एक ही चुनना होता है
आपका चुना गया विकल्प
सिर्फ़ आपके लिए सही होगा
सही न हो तो कोई बात नहीं
कम से कम गलत तो ना ही हो
अगर गलती से भी गलत हुआ
तो वापसी का कोई रास्ता नहीं
सौ बार सही होना पर्याप्त नहीं
एक बार गलत होना पर्याप्त है।

53. लौटता है ज़मीन पर

जितना प्यारा ज़मीन से दिखता है
आसमान उतना प्यारा है नहीं असल में
रात को सिर्फ़ अंधेरा, दिन में सिर्फ़ रौशनी
न दिवार, न खिड़की, न दरवाजा, न रौशनदान
न ही छत, न ज़मीन, न ठहरे हुए से लोग
एक पंछी जो उड़कर लौटता है ज़मीन पर
वो लम्बे और मजबूत पाँव चाहता है
चाहता है दो लम्बे ताकतवर हाथ जिससे वो
चला सके नदी में नाव और खेत में हल,
उठा सके बोझ, दे सके किसी को सहारा
चल सके दूर-दूर तक लोगों की मदद को
न की ज़मीन का अन्न खाकर बेशरम
आसमान की ऊँचाई से मात्र मल त्याग करे
अंततः एक पंछी दो पंख, लम्बी चोंच
और अपने पापी पेट से ऊब जाता है
थक जाता है ऊँचाई से और अकेलेपन से।

54. अपने जैसा पूर्ण होना चाहिये

पहले स्वाभाविकता और कृत्रिमता का
अविभाज्य घोल बनते देखना
फिर उस घोल में घुलते रहना-घुलते रहना
बुद्ध, महात्मा, पुरुषोत्तम और कबीर
मीरा, राधा, तुलसी और सीता की स्वाभाविकता
को जानना और वैसे ही हैं कह देना
जानने का ढोंग और होने का ढोंग
यह मिलावट स्वीकारना बेहद मूर्खतापूर्ण है
हंस बनकर पहले स्वाभाविकता अर्थात दूध से
कृत्रिमता अर्थात पानी को पृथक किया जाना चाहिए
फिर जानने और होने के बीच का भेद
समाप्त कर के अपने जैसा पूर्ण होना चाहिये।

55. एक दिन टूटकर पर्दे गिर जाएंगे

समाज में स्थापित कुरूपता को
विचारों के पर्दे ने ढक कर रखा।
जब कभी किसी झोंके से पर्दा
इधर-उधर होता रहा है तब-तब
पर्दों में विचारों के नये गोटे लगा
उनको और भारी कर दिया गया
ताकि अगली बार पर्दा ना हिले।
कुरूपता का गला पर्दे घोंट देते
तो उन्हीं पर्दों में लपेटकर इन
कुरूपताओं का दाह हो जाता,
एक दिन टूटकर पर्दे गिर जाएंगे
और नग्नावस्था में कुरूपता को
देख समाज आत्मदाह कर लेगा।

56. कभी न वापस आने के लिए

एक पेड़ पर ढेर सारे झूठ लटक रहे थे
कुछ बहुत पुराने तो कुछ बिल्कुल नये-नये
झूठ के गुच्छों से कुछ झूठ तोड़ना था मुझे
लेकिन तभी एक और पेड़ दिखा और फिर
सड़क के किनारे सभी पेड़ों की एक सी हालत
इससे पहले भी ईमानदार लोग गुज़रे होंगे यहाँ से
उनकी समझ की आरी भी तो चल ही सकती थी
लेकिन सड़क पर तो बस छाँव है झूठ तो पेड़ पर है
कहकर निकल गये होंगे कभी न वापस आने के लिए।
सब के सब ढेर सारी आरियाँ ही रख कर गये हैं यहाँ
जबकि रखना था मुसाफ़िरों को सिर्फ एक छाता ही
धूप का डर ख़त्म हो तो शायद हिम्मत आरी उठाये।

57. हमेशा आज होना चाहिए

इक कविता आज के लिये
और हर बार आज के लिये
कल के लिये इसमें कुछ नहीं
ना कल का इसमें कुछ भी है।
आज कुछ खास भी नहीं है
पर शायद आख़िरी आज के
ठीक पहले का आज यही हो
चलो सब ठीक कर लेते हैं अब
कल और कल के झगड़े ने मुझसे
मेरा बेहतरीन आज छीन लिया
आज को हमेशा आज होना चाहिए।

58. प्रकृति की तरह प्राकृतिक

वो बारिश जैसी होगी
वो हवा जैसी होगी
वो धूप जैसी होगी
वो पानी जैसी होगी
वो धरती जैसी होगी
ऐसा मैं सोचता था और
तुम बिल्कुल वैसी हो
रिमझिम फुहार से लेकर
भयानक बौछार तक
शीतल मंद बयार से लेकर
भीषण आंधी तूफ़ान तक
सुबह की लाली से लेकर
झुलसाने वाली धूप तक
मीठे पानी की झील से
खारे पानी का सागर तक
नरम दूब की मिट्टी से लेकर
कठोर बेढंगे चट्टान तक
किसी को किसी का होना हो
तो ऐसे होना चाहिए
प्रकृति की तरह प्राकृतिक
और सुन्दर होना चाहिए।

59. पुराने स्वप्नों की पोटली

पुराने स्वप्नों की पोटली खोलो
तो सिलवटों में भी कुछ स्वप्न
दबे-छुपे मिल जाया करते हैं।
खुलते ही सब याद दिलाते हैं,
के बड़े ही जल्दबाज़ी में हमनें
उन्हें बाँध दिया था सबके साथ।
हर रोज़ खुलती-बंधती पोटली
उस दिन जब सबसे आख़िर में
बंधी, तो फिर आज जाकर खुली।
मेरे सामने नन्हें बच्चे बांध रहे हैं,
उनके सपनों की नन्हीं सी पोटली
और मुझे याद दिला रहे हैं बचपन।

60. हमेशा सच चुनना अच्छा नहीं

यूँ तो मुझे अंदाज़ा है के
अंततः मैं क्या लिख रहा होऊँगा।
फ़िलहाल अपने बारे में
कुछ लिखना जल्दबाज़ी होगी।
मैं कुछ अच्छा लिखूँ न लिखूँ
पर झूठ नहीं लिखना चाहता।
मेरे बाद मेरे लिखे हुए में
जब भी सच और अच्छा में से चुनो
तो हमेशा सच चुनना अच्छा नहीं।

61. एक सपना और था

ढेर सारे सपनों में
एक सपना और था
अच्छा इंसान बनने का।
बहुत बाद में पता चला
के अपने झोले से सिर्फ़
एक सपना कम कर देता
तो आज सारे सपने पूरे होते।

62. बातों की तमाम परतों में

बात बहुत गलत थी
पर बात हो चुकी थी।
बदला जा सकता था
तो केवल मतलब को
पर समय बीत चुका था।
चलते हुए वर्तमान में
बचा था मात्र भविष्य
और भविष्य के लिए
बचा रह गया था अफ़सोस।
अफ़सोस के पीछे-पीछे
एक उम्मीद बची रह गयी
उस उम्मीद की गोद में
जन्म लेगी एक अच्छी
और सुन्दर सार्थक बात।
बचा हुआ भविष्य भी
जब भूत हो जायेगा कभी
बातों की तमाम परतों में
कुछ अच्छी बात ढूँढ लेंगे।
अंत में सब अच्छा होगा
यही तो हर गलत और सही
बात का उद्देश्य होता है ना?

63. नदी तो पार करना है ना

नाव चलाने वाले से यात्री ने पूछा
नदी में पानी न हो तो क्या करोगे?
नाविक साहब नदी में पानी भरने की
औकात नहीं है पर कुछ तो करेंगे ही।
हाँ आप अपना ज़रूर सोच लीजियेगा
पानी हो न हो नदी तो पार करना है ना।

64. अगर ये सन्नाटा चल सकता

अगर ये सन्नाटा
चल सकता होता, तो
बड़े ही सलीके से
बिना शोर मचाये
उसके शहर चला जाता
इशारे में कहता कि
कुछ दिनों की बात है
कह देने में महज
कुछ पल लगते हैं
एक सदी गुज़रती है, तो
एक पल कटता है।

65. हवा में उड़ा देता है

एक इंसान रेत पर बैठकर
मुट्ठी में रेत लेता है और
हवा में उड़ा देता है
कहता है ये ज़िन्दगी है
जबकी ज़मीन पर गिरते हर दाने
उसको बताना चाहते थे कि
तुम अपनी ज़िन्दगी पर बैठे थे
तुमने सिर्फ़ एक हिस्से को उड़ाया है।

66. वो इंसान सो गया

नींद ने सपने में देखा
एक जागता हुआ इंसान
नींद सपने में घुसने लगी
इंसान की नींद के लिए।
नींद डरी सहमी सी
अपनी सांस रोक कर
खड़ी थी सपने के बाहर
और वो इंसान सो गया
नींद को लगा कि
अरे या क्या हो गया
मैं तो सपने के बाहर हूँ
तो ये कैसे सो गया
तभी नींद का सपना टूट गया
इधर इंसान सपना देखने लगा
कि नींद सपने के बाहर खड़ी है।
और वो सो नहीं पा रहा है सपने में।

67. जान देने से जाने देने की बात तक

जान देने से जाने देने की बात तक
दिल और दिमाग झगड़ते रहे थे।
फिर थक हार कर
दिल ने सब दिमाग पर छोड़ दिया
और दिमाग ने सब दिल पर
और इस तरह दो लोग दो बिमारी से मरे
एक दिल की दूसरा दिमाग की
क़ायदे से प्यार में मरना था दोनों को।

68. इंसान प्रायः धन चुन लेता है

आम तौर पर
धन और समस्या में से
इंसान प्रायः धन चुन लेता है।
और इस तरह से वो चुन लेता है,
कभी न ख़त्म होने वाली समस्या।
समस्या चुनने वाले कम हैं
और अच्छी समस्याओं का विकल्प
हर एक को मिलता भी नहीं।
प्रायः विकल्प में होती हैं
ऐसी तुच्छ समस्याएं
जिनका समाधान धन होता है।
पुनः इंसान समस्या के बदले चुन लेता है,
कभी न ख़त्म होने वाली समस्या।

69. कितना बेहतर

मैं कुछ न कहूँ तो कितना बेहतर
मैं लिखता रहूँ तो कितना बेहतर।
मैं मरता रहा सबकी खुशी के लिए
यूँ ही मरता रहूँ तो कितना बेहतर।
अपनी ज़रूरत का मुझे नहीं पता
सबकी ज़रूरत हूँ तो कितना बेहतर।
ये जो चाहते हैं मुझको ज़रूरत भर
ठीक उतना रहूँ तो कितना बेहतर।
ये दुनिया मेरे साथ कभी नहीं चली
मैं ही साथ चलूँ तो कितना बेहतर।
कहें तो चुपचाप कहीं चला जाऊँ
और उन्हें याद भी रहूँ कितना बेहतर।
साथ रहना आसान है कोई भी रहे
मैं उनके दिल में हूँ कितना बेहतर।

70. सही जवाब है 'प्रेम'

महत्वपूर्ण क्या है?
इस सवाल का जवाब।
फिर उस जवाब के प्रति
समर्पण और विश्वास।
महत्वपूर्ण है जीवन का कारण,
एक उद्देश्य और उसके लिये
सच्ची निष्ठा से किया गया कर्म।
सही जवाब है 'प्रेम'
जो हमें हर हाल में एक तरफ रखता है।
जहाँ दुविधा, छल, द्वेष, लोभ, क्रोध जैसे
अवगुण कभी भी नहीं समाते।
जहाँ समाता है तो सिर्फ त्याग, समर्पण,
विश्वास और अगाध स्नेह।

71. बस इतना ही?

दहेज

कितना मिला ?

बस इतना ही ?

सस्ते में निपट गये।

कम से कम इतना मिलना था।

दहेज

कितना दिये?

बस इतना ही?

सस्ते में निपटा दिये।

और कम में निपटा सकते थे।

और इंसान अपने स्वाभिमान,

खुद्दारी को पूँछ में लपेट कर

कुत्ते बिल्ली के भाव बिक गया।

72. मामूली सी क़ीमत है

गाय-भैंसों की तरह
इंसान की क़ीमत है
उसकी आज़ादी
उसके स्वाभिमान की
भी क़ीमत है
लोग ख़ुशी के लिए
ख़रीदते हैं जानवर
कहते हैं कि इनके आगे
इंसानों की क्या क़ीमत है
कोई जानवर बिकना ना चाहे
तो वो दुर्लभ है अति दुर्लभ
पर बाज़ार में उसकी भी तो
एक वाजिब क़ीमत है
कोई कहता है के ये अनमोल है
और किसी का अनमोल
किसी की मामूली सी क़ीमत है।

73. बहुत ज़रूरी हो जाता है

सही के लिए बहुत
ज़रूरी हो जाता है
हर बार सही होना
चीनी के बाज़ार में
चींटियों की कतार देख
लोग मुंह मोड़ लेते हैं
कंकड़ बोरी में भले एक हो
मुट्ठी में वही आ जाये तो
बोरी में पड़े सभी
चावल के चमकते दाने
कंकण हो जाते हैं
गलत और सही में
सही का ज़्यादा होना
पर्याप्त कभी नहीं होता।

74. ज़माने लगे थे

सही को सही होने में ज़माने लगे थे
गलत हमेशा से गलत होता रहा था
दोनों की दोस्ती हो गयी संयोगवश
पहले दोनों ने एक दूसरे को सराहा
अब एक दूसरे को बदलने में लगे हैं
सही ने गलत को गलत कहा और फिर
गलत ने सही को गलत कहा बार बार
दोनों ने थक हार कर बदलना शुरू किया
अंततः सही और गलत दोनों गलत हो गये।

75. पिता

मिट्टी, पेड़, फूल, कूंआ,
बादल, सूरज, चाँद, हवा,
जल की तरह हमें सदा
जीवन देता रह जाता है वो।
टूटकर गिरे आसमां को
वो अपने सर ढोता है।
वो लेकर चलता है
अपने साथ-साथ घर को।
अक्सर वो घर में नहीं रहता
पर घर सदा अपने भीतर रखता है।
घर की चहारदीवारी और छत
उसके होने मात्र से महफूज हैं।
वो भरोसा है घर के हर ईंट का
के किसी रात धरती फट भी गयी तो
ये सब उसकी मजबूत छांती पर गिरेगा
सब तहस-नहस हो भी गया तो
घर का जर्रा-जर्रा उसकी हथेली पर
सुकून से आराम कर रहा होगा।

76. अभी मंज़िल दूर है

पहले रास्ता चुना
और फिर मंज़िल
फिर तौर तरीक़ा
उसपर चलने का
फिर चुने दोस्त
यार और रिश्तेदार
फिर हर मोड़ पर
चुना सच्चाई, इमान
और स्वाभिमान
सबको चुनने में
रह गया यह जानना
के किसने मुझे चुना था
अभी मंज़िल दूर है
और इसका जवाब भी।

77. दिशा मोड़ दी गयी

एक नदी की दिशा मोड़ दी गयी
एक बार नहीं, हजारों बार, बार-बार
बहने की गति अवश्य धीमी होती गयी
किन्तु नदी अपनी ही दिशा में बहती है
किसी में इतना सामर्थ्य तो नहीं है
कि पर्वत को सागर और सागर को
पर्वत की जगह यूँही रख दे उठाकर
नदी को पर्याप्त ज्ञान है इस बात का
कि प्रकृति और मर्यादा की हद क्या है।
प्रायः इंसान नदी, सागर और पर्वत
जैसे मर्यादित व प्राकृतिक नहीं हो पाता।

78. नदी के दोनों तरफ़

नदी के दोनों तरफ़ के किनारे,
सतही तौर पर कहीं नहीं मिलते।
प्रेम की अत्यंत गहरी नदी में दोनों
किनारे बहुत गहरे जाकर मिलते हैं।
ऊपरी सतह पर तैरता सतही समाज
उस आंतरिक मिलन को क्या जाने!
लकड़ी के नाव में बैठकर जो लोग
इस पार से उस पार होकर आते हैं,
वो उस संवेदना तक नहीं जा सकते।
जीवन रूपी जल की धारा बहती है।
दोनों किनारे अपना स्थान बदलते हैं।
बस एक चीज़ नहीं बदलती है वो है,
दोनों किनारों का आंतरिक प्रेम, जो
प्रायः किनारों को भी नहीं पता होता।

79. तुम्हारे बारे में

तुम्हारे बारे में दस बेहतरीन लाइनें लिखकर
मैंने सौ मरतबा वापस पढ-पढ़ कर देखा है
मेरी आँखें दिल से हर बार पूछती रहती हैं
क्या तुमने कभी उसको जी भर कर देखा है
दिल कहता है तू देख के क्या इतराता है
क्या इश्क़ की गलियों से गुज़र कर देखा है
इस रोज़ के झगड़े में लिख ना पाता हूँ कुछ
मैंने तुमको हर दिन लिख-लिख कर देखा है
तुम कहते हो के मैंने तुम पर कुछ लिखा नहीं
सच तो है मगर हर दिन कोशिश कर देखा है

80. ज़रूरत से ज़्यादा

ज़रूरत से ज़्यादा कुछ नहीं
कभी-कभी ज़रूरत भर भी
ज़रूरत से ज़्यादा हो जाता है
और कभी ज़रूरत से ज़्यादा
ज़रूरत भर से कम हो जाता है।
इसके निर्धारण से दूर रहकर
हम ज़रूरत भर जी सकते हैं
पर यह जो ज़रूरत भर ज्ञान है
ज़रूरत से ज़्यादा देरी से आता है।
प्रेम ज़रूरत भर नहीं होता कभी
अपेक्षाएं ज़रूरत भर हो सकती हैं
किसी के प्रति स्नेह अनिर्धारित हो
और अपेक्षाएं निर्धारित से थोड़ी कम हों
तो ज़रूत से ज़्यादा खुश रहा जा सकता है।

81. ये सुबह-शाम फिर होगी

ये सुबह-शाम फिर होगी दिया जला के रखो
वो लौट आयेंगे ये दिल को समझा के रखो
कोई जो कहदे मुकम्मल है ये जहाँ उसका
उसके जैसे ही तुम इस दिल को बहला के रखो
उनके आने का इंतज़ार कुछ ऐसे करो तुम
मौत जो आये तो सिरहाने पर बिठा के रखो
तुम मुहब्बत में अकेले हो क्यूँ कहते हो
दास्तां झूठी कोई दिल को तुम सुना के रखो
ये जो आँसू चले आते हैं बाहर पलकों से
उनके आने तक ज़रा इनको तुम बचा के रखो

82. कोई बच्चा नहीं रहा

हर नाक और नैन-नक़्श बहुत सुन्दर
रोज सब बाल बनाकर स्कूल जाते थे
सब के कपड़े अच्छे सबका बस्ता भी
असीम सुन्दरता थी सब सबको भाते थे
थोड़े बड़े हुए तो न जाने क्या छूट गया
अपनी माँ के आँचल से नाता टूट गया
वो मुस्कुराती थी तो आईना फेंक देते थे
अब उसकी बात से भरोसा ही उठ गया
जाने कैसे सब अच्छे थे सब सुन्दर थे
अब क्लास में हर कोई अच्छा नहीं रहा
खुद से प्यार नहीं दूसरों से प्यार का भ्रम
कैसा बचपना है कि कोई बच्चा नहीं रहा।

83. हारने से बच गया

चेहरे की तमाम सिलवटें
मुस्कुराने वाली थीं थोड़ी देर में
एक लंबी जंग हुई थी
मुश्किलों से कोशिशों की
ठहरने की ग़लती भी शामिल है
वक़्त की इस मुसलसल जंग में
पर इंसान चल पड़ा था
उसके पहले क़दम पर ही जश्न हुआ
वो मुकम्मल जीत नहीं पाया था
पर वो हारने से बच गया।

84. गुज़रे दिनों के किस्से सारे

बचपन के नन्हे-नन्हे घर से चलकर
अभी-अभी यहां यौवन आया है।
कहता है चलो वयस्कता के वहाँ।
उम्र को तो मालूम है हकीकत सब
चल जो पड़ी है कभी न लौटने को।
खैर चलो मिलेंगे बुढ़ापे से कसकर,
गले लगाकर बचपन की बात करेंगे,
कभी चाय पर यौवन को याद करेंगे।
बुढ़ापे के साथ निकल जायेंगे कहीं,
ढलते सूरज में आख़िरी दहलीज़ देखने,
सूखे पत्तों से ढके तालाब में यथार्थ, तो
खुशबूदार हवा में फूलों का मुरझाया तन।
थक गयी राह में सुस्ताते पथिकों को देख
उनकी थकान कम करेंगे साथ बैठ कर।
उन्हें बतायेंगे गुज़रे दिनों के किस्से सारे
और बुढ़ापे का सर दबा देंगे सो जाने तक।

85. तो मेरा क्या

बड़ी ख़ामोश सी हो गयी है यह डगर
मंज़िल अब बेहद ही क़रीब लगती है।
या तो ये कारनामा पहली बार होगा
या आज की कोई नयी तरक़ीब लगती है।
ये जो साथ-साथ चलती है मेरे साँसों के
ज़िन्दगी है? ये तो मौत की रक़ीब लगती है
इस तूफ़ान में कुछ भी बिखरा क्यूँ नहीं है
ये बात मेरे दोस्तों को बेतरतीब लगती है
ये मुझसे बात नहीं करतीं हैं तो मेरा क्या
हाथ की लकीरें बड़ी बदनसीब लगती हैं।

लिखने और पढ़ने कि इस प्रक्रिया में हम हमेशा एक साथ जीवित रहेंग।
धन्यवाद

9 798889 475450